Un Poquito de Everything: A Little Bit of Todo

Anna María Magallón

Las Vegas | New York | México

Copyright © Anna María Magallón

All rights reserved. No part of this book may be reproduced, distributed, or transmitted in any form or by any means, including photocopying, recording, or other electronic or mechanical methods, without the prior written permission of the publisher, except in the case of brief quotations embodied in critical reviews and certain other noncommercial uses permitted by copyright law.

This book is intended solely for informational and educational purposes and should not be construed as medical advice or used in lieu of professional medical expertise or treatment. The information contained in this book is not intended to diagnose, treat, cure, or prevent any disease. Readers are advised to consult their healthcare provider before following any of the advice or recommendations presented in this book.

Title: Un Poquito de Everything
Subtitle: A Little Bit of Todo

IDENTIFIERS

ISBN: 978-1-959471-24-0 (Paperback)
ISBN: 978-1-959471-25-7 (e-Book)

Library of Congress Control Number: 2023905757
Categories: Writing, Poetry, Creative Writing
Cover Design by RMPStudio™
Editor: RMPStudio™ Team
Printed in the Las Vegas, Nevada, United States of America

ORDERING INFORMATION

PUBLISHER: RMPS, Rosales Mavericks Publishing Studio™
1180 N. Town Center Suite #100, Las Vegas, Nevada 89144
https://www.adriana.company/publishingstudio

First Edition

Limit of liability/Disclaimer of Warranty: While the publisher and author have used their best efforts in preparing this book, they make no representation or warranties with respect to the accuracy or completeness of the contents of this book and specifically disclaim any implied warranties of merchantability or fitness for a purpose. All images are artificially created and do not represent any known persons. No warranties may be created or extended by sales representatives of written sales materials.

Table of Contents

Dedicatoria	1
Foreword	5
Introducción	7
Mi frontera	12
Y tú, ni siquiera sabes quién soy.	14
The Dream before the Dreamers	16
"Porque lo que tiene que ser será"	19
Descúbrete	21
Yo soy poeta	23
Choices: decisiones, opciones, obligaciones	29
It's Time	31
Trascender	33
El Pancho se fue	37
Wetback Lesson	39
Forgotten	42
Nice Girls	44
The King of the Jungle	47
Can I go?	49
The Fire Alarm	50
Cruzando el puente a casa de los abuelos	52
La Malinche	55
Las Adelitas modernas:	57
The Best of Both Mundos	58
I Am Corazón	60

La jaula: perdón, quise decir el aula	62
Esta va pa la raza del: ES QUE	64
A Christmas Poem: a mis alumnos.	66
Oda al instituto de Santa Barbara	68
¿Me perdonarás algún día?	70
Poetizando (con mi hija)	74
No podrás	76
Hay momentos	77
Un poema por vivir	79
Hoy te vi	80
Cuatro poetas y un chocolate y bate que bate	83
Soy	84
LIFE 101 a la mexicana	86
Me: The Dreamer	88
Me quedaré	91
Surrender	92
Hasta volverte a ver	94
Pégame por favor	100
Sssssssssssssshh	101
Habrá días	103
En el dolor	104
Prepare for War	105
Sueña	107
Ser feliz	109
Mi enemigo la apatía	113
El segundo parto: la pubertad	115

No todo es dinero, logros, triunfos 119

¿En qué momento nos perdimos? 121

Raíces 123

¡A ti no se te ha muerto nadie! 124

Para ti 128

Sobre el autor 131

Works Cited 133

Dedicatoria

Este libro está dedicado a Dios, que no solo me regaló la vida y todo lo que soy, sino que me ama incondicionalmente y ve en mí maravillas que yo no soy capaz de concebir. También se lo dedico a mi esposo Javier, y a nuestro pedacito de cielo, nuestra hija: Shaila. aparte de Dios, ellos son mi todo. Ningún logro valdría la pena sin ellos. Por ellos no fui a trabajar para Luis Miguel y no me arrepiento (les contaré la historia en otro libro).

Babe and baby girl, I love you guys with all my heart. Los amo hasta el cielo, de rodillas y de vuelta. This book is part of our Little Bit of Todo.

También se lo dedico a mi madre Sanjuanita Hinojosa, sin su tenacidad de que yo lograra una educación universitaria este libro no sería posible. Gracias, mamá por enseñarme a trabajar, a no tener miedo a hacer sacrificios para poder tener recompensas, a matar pollos y chivos, a cocinar, a ayudar al necesitado, a nunca olvidar mis raíces, a bailar, a amar la música y tantas cosas más.

A mi Comis bella, Lorena, por estar siempre conmigo en buenas y malas, en cuerdas y en locuras.

Al Dr. Francisco Jiménez por revivir a mi escritora. Profesor, le agradezco por existir y por permitirme existir en su historia.

A mis angelitos disfrazados de humanos: Tere Valencia, Martha Niño y Frank Carbajal.

A Adriana Rosales, you are more than a publisher, you are a friend, a soul sister, mi cómplice en esta aventura de tornar el dolor en bien para todos los demás. Thank you for creating RMPStudio™ and making this book a reality.

Y a todos ustedes que hoy tienen este libro en sus manos.

Gracias, gracias, gracias y que todo lo bueno de Dios los alcance y permanezca con ustedes siempre; porque, aunque a veces la vida duele, Dios con su universo siempre conspira a nuestro favor.

Y por último se lo dedico a mi niña interior:

te quiero Anna María y te admiro

por nunca dejarte vencer.

"Prefiero morir persiguiendo mi sueño, que vivir sin soñar"

Anna María Magallón

Foreword

As I read Un Poquito de Everything: A Little Bit of Todo it brought back memories of my own childhood growing up in a family of migrant farmworkers.

When I was four years old, my family emigrated from Mexico to California to escape our poverty and to seek a new and better life. During the nine years that we followed the crops we lived in migrant camps, often in tents and old garages. It was in writing about these experiences that I discovered the power and importance of story-telling. It refined my own sense of identity and helped me feel more at home in our diverse society.

I believe that we come to know whom we are through telling our own stories. Our individual identity as well as the identity of our nation is shaped, to some extent, through these stories. Adriana Rosales, a prolific writer, best expresses the value and importance of telling our stories. In her White Paper article, "Latino Voices in the U.S. Publishing Landscape", she writes:

"Literature is a mirror to society, and for this reflection to be accurate, it needs to incorporate the multitude of voices that constitute it. Latino voices are not just supplementary notes to the American story; they are integral melodies in the symphony that is the U.S. cultural tapestry. Their tales — infused with rich histories, diverse experiences, and unique perspectives — offer invaluable contributions to the nation's literary corpus. Their stories are not only essential for Latino readers seeking resonance but also for wider audiences to gain insight, empathy, and a broader worldview…"

Anna María Magallón's Un Poquito de Everything: A Little Bit of Todo, is an important and valuable addition to the corpus of Latino stories. In telling her story, Anna María Magallón moves between free verse, poetry and prose. She relates her unique journey through life in tribute to the strength and the unlimited potential of the human spirit. Navigating between two cultures, she pursues her dreams from various vantage points past and present. She defines her true self as a poet, solidly grounded in her Christian faith. "Yo soy poeta", she writes, "la poesía es parte de mi DNA."

Anna María Magallón writes from the heart. Her language is lyrical, often switching gracefully between Spanish and English. She often addresses the reader directly, giving wise and practical advice on how to cope with life's challenges and counsels us to believe in ourselves, to dream big and to help make this a better world. Her book is inspirational and instructional ---a true joy to read.

Francisco Jiménez
Award-winning author of The Circuit, Breaking Through, Reaching Out and Taking Hold.

Introducción

¿Por qué "Un Poquito de Everything: A Little Bit of Todo"?

Porque en esta vida todos somos exactamente eso, un poquito de todo. Empezando con nuestro temperamento, aunque hay uno de los cuatro temperamentos que es el más dominante, nunca somos una sola cosa y de cada uno de ellos, todos tenemos un poquito.

Porque cuando a mis 13 años despertaba a medianoche o por la madrugada con la necesidad de agarrar un lápiz y un papel para escribir, no sabía en ese momento, que un poquito de mi todo era: ser escritora. Pero seguía con esa necesidad de escribir, que me llevaba a escribir en servilletas, pedazos de mantel de papel, o en los márgenes de un periódico.

Y, sobre todo, porque creo fielmente que todos tenemos múltiples talentos. Pero hay que darnos a la tarea de descubrirlos. ¿Para qué soy bueno? ¿Para qué me pinto? ¿Cuál es o son aquellas cosas que hago por amor y con amor? ¿Cuáles son las cosas que se me dan naturalmente y sin esfuerzo?

Yo soy un poquito de todo, un poquito poeta, un muchito escritora, cocinera, productora, bailarina, educadora, motivadora, y la lista continúa. Y, tú, ¿cuál es tu poquito de todo?

Por eso en **"Un Poquito de Everything: A little Bit of Todo"** vas a encontrar poesía, viñetas, escritos de reflexión, un poquito de mi historia y un espacio para descubrir a tu poeta o escritor interior.

Este libro no es una novela que debes leer de principio a fin. Ábrelo donde gustes y disfruta de un poema, de un cuentito corto, o de una reflexión que te lleve a descubrirte, a amarte, a valorarte. Escribe un pensamiento, un verso, o haz un dibujo, y que todos ellos vengan desde tu alma, desde tu yo, que debe ser libre; para poder irradiar luz e iluminar al mundo que tanta luz necesita. Y valora de ti, no solo lo bueno, sino también lo difícil. Que, al fin y al cabo, son los vientos y las tormentas fuertes los que le dan fortaleza al roble.

Y tú eres como un roble.

Ahora te toca a ti ...

¿Cuál es mi poquito de todo?

Me gusta …

Me encanta …

Puedo pasar horas …

Me da energía …

Me da alegría …

Ya una vez que descubramos todo lo que tenemos de bueno, también nos toca hacer lista de aquello que no es nuestro fuerte. Saber reconocer nuestras flaquezas es una fortaleza, porque nos ayuda a canalizar nuestras energías y nuestra vida en lo que realmente es nuestro propósito. El auto descubrimiento, es el primer paso a tu mejor YO. No temas enfrentar tus debilidades, solo al reconocerlas podrás dar pasos para mejorar.

No me gusta …

Para nada deseo …

Me da pereza …

Me disgusta …

Quisiera mejorar mi …

Puedo mejorar en …

♪ *"A mí me gusta más vivir en la frontera, porque la gente es más bonita y más sincera ... en la frontera, en la frontera, en la frontera ..."* **Juan Gabriel**
(Gabriel, 1981)

Mi frontera

Creo que siempre he vivido y viviré en la frontera, en la frontera de dos mundos donde he creado uno solo. Un solo mundo donde por mucho tiempo me sentí sola e incomprendida: mi frontera de mexicoamericana. Así como la India María "ni de aquí ni de allá". Soy demasiado mexicana para la cultura anglosajona y desde niña me quedé siempre corta como mexicana en la cultura de mis padres. Aunque no recuerdo ni dónde, ni cómo, ni a qué hora aprendí a soñar, lo que sí recuerdo es que siempre supe soñar.

Desde aquellas noches que veía, en mi pueblito de Estación Aldama, Nuevo León, en aquel televisor en blanco y negro de doce pulgadas, al **tío Gamboín** quien era interrumpido por el comercial de la obra teatral **Vaselina,** que presentaba en ese tiempo La Banda Timbiriche, yo soñaba, no solo con asistir a la obra, sino con ser parte de ella en el escenario. Soñaba con un lugar muy lejano que tenía una torre grande llamado **París.** No sé por qué razón, nunca vi mi falta de recursos económicos como impedimento para no poder alcanzar mi sueño.

En el sector norte de mi frontera existía la parte demasiado liberal para la niña católica, pueblerina, que también soñaba con ser esposa y madre, con una familia feliz, como la de "Leave it to Beaver." Claro, yo iba ser la mamá bien peinadita con el impecable mandil, y la casa perfectamente ordenada que llenaba de amor a sus hijos y de apoyo a su marido.

Eso soñaba la niña que mataba pollos con su abuela, sembraba frijol, maíz y calabaza con su abuelito y lavaba la loza en dos cubetas de agua porque la abuela no tenía lavabo ni agua corriente en casa. Tantas cosas por vivir, tantos sueños por cumplir.

      Pasé década y media como hija única y mi única niñera disponible en los Estados Unidos fue la televisión. Agradezco a Dios por **PBS,** por Raúl Velasco y su ***Siempre en domingo***, y los tan esperados sábados de ***Schoolhouse Rock***. Esos programas para mí fueron mis "private tutors and extracurricular activities" y qué decir de **Chespirito** y ***Cantinflas*** que nos presentaban al Great Gatsby, a los romanos, a Romeo y Julieta y tantas obras más.

      Después en la universidad, ya una vez infiltrada en el mundo de las letras, me di a la tarea de crear nuevas alas para echarlas a volar. Con la sensación de las primeras pantallas de **Apple** que revolucionarían al mundo, descubrí que escribir era un arte y encontré también mi primer dolor causado por la tecnología, después de un *crash* en el sistema: el dolor de perder mis primeros manuscritos donde había un poema titulado:

Y tú, ni siquiera sabes quién soy.

And you … you don't even know who I am
Y tú, ni siquiera sabes quién soy
Atorada entre dos mundos
A ninguno sé pertenecer
Hecha en los Estados Unidos
      con materiales mexicanos,
      así debería leer
      mi etiqueta de hospital

      ¡Y tú,
      ni siquiera
      sabes quién soy!

Son las pocas líneas que recuerdo del poema y que pude rescatar; de aquel poema que habría de abrir el primer capítulo de mi libro. Ahora sé que lo perdí porque Dios no quiso que publicara lo que la chica recién egresada de la universidad, llena de ideales, algo feminista y toda revolucionaria supo plasmar en ese momento, sino porque a través de nuevas vivencias quiso mi creador que revolucionara mis escritos. Era necesario descubrir la verdad y borrar todas la mentiras que había aprendido en la universidad.

    Definitivamente hoy "Panchito" (Dr. Francisco Jimenez, autor de **Cajas de cartón),** es de nuevo el culpable de dejar fluir mis teclas, lo que alguna vez fuera la tinta de un bolígrafo sangrando por los renglones de cualquier forma de papel que tuviera a mi alcance. Sus escritos y obras han sido, son y serán siempre una fuente de inspiración para mí. Por esas cosas que nos pasan en la vida, perdí por unos años la capacidad de escribir, pero al leer **Cajas de cartón**, se abrió de nuevo la fuente de mi inspiración y volvieron a correr las letras por las hojas de papel.

Panchito, le estaré eternamente agradecida.

Atorada entre dos mundos estuve alguna vez, así que he creado mi propio mundo, donde tú también puedes pertenecer.

Empecemos a volar...

The Dream before the Dreamers
El sueño antes de los "dreamers"

No estaba de moda en los ochenta, que las niñas pueblerinas fueran a la Universidad. Ellas debían aprender a cocinar, lavar, limpiar la casa, en fin, hacer todos los quehaceres y deberes domésticos para poder obtener el doctorado de ama de casa o por lo menos un bachillerato en la materia. No te definían los títulos y no los logros intelectuales o académicos, y déjate de leer a la Madre Teresa de Calcuta, a Sor Juana, o a Neruda, era época de "preocúpate por encontrar marido"

-¿Y cuántos años tienes?

-¿Y todavía no te casas?

-Pero tienes novio, ¿verdaaad?

-¿¡No tienes novio!?

-¿Y cuántos años dices que tienes?

Era la entrevista del momento fueras adonde fueras.

-es que yo quiero estudiar, es que me encanta el teatro, la poesía, vea usted …

-Ay mijita, bájate de tu nube, tu sueñas muy alto.

Y el sueño comenzó porque …

"… los sueños son deseos que quieren ser vividos, anhelos, sentimientos que están adormecidos …"♪
Canción de Lucero (Lucero, 1987)

"Porque lo que tiene que ser será"
~Facundo Cabral

Cabral escribió que lo que tiene que ser será y yo me lo creí, y para muestra un botón ... aquí tienen un escrito de 1997, cuando apenas contaba con unos años de haber iniciado mi carrera de maestra.

Introducción 1997 el mes de noviembre

Hoy una colega y amiga trajo a compartir conmigo un libro de Rosario Castellanos titulado: "Cartas a Ricardo". Después de leer la primera carta que ella marcó para compartir conmigo comprendí aún más lo que he sabido desde hace años. Tengo sangre de poeta, es algo tan infiltrado en mí, algo que llena todos mis poros. Y si tuviese que preguntarme cuál es el don que Dios me ha regalado, no dudaría un segundo en contestar que es el don de la escritura. A veces pienso que ni mis amigos, ni mis familiares más íntimos, llegan a entender hasta donde me afecta esta necesidad de derrochar con palabras todo lo que está encarcelado dentro de mi alma. Siempre supe que escribiría un libro y aunque me siento aún muy joven e inexperta en la literatura puesto que, hay tanto que no he leído tanto que me queda por leer y a pesar de que hay tanto vocabulario que desconozco, creo tener el suficiente para empezar a descargar las pasiones extrañas que brotan de mi ser.

En esta etapa de mi vida cuando aún no defino profesionalmente lo que realmente deseo y desconozco la dirección que tomará mi futuro, lo que sí *está labrado imborrable e indudablemente es mi futuro como autora*. Creo que, en este preciso momento, mientras escribo esta introducción, estoy descubriendo el por qué no he encontrado el amor que añoro. Reconozco que encontrarlo ahora sería encadenarme o anclarme impidiéndome seguir navegando las aguas del destino que Dios depara para mí. Sería como un pájaro enjaulado que aun teniendo alas no podría volar.

    Me pareció ideal, incluir estos escritos de 1997 ya que estoy segura de que fueron una premonición. Yo plasmaban ya, desde a aquel entonces en papel, mi vida como autora.

    Sigue soñando; nunca dejes que haya para ti más límites que aquellos que son para guardarte de lo que hace daño. El tiempo perfecto es de Dios. Y lo que es para ti, ni, aunque te quites. No dudes de tu talento. Sigue buscando. Las respuestas están más cerca de lo que imaginas, busca dentro de ti.

Descúbrete

Toda la vida buscamos algo,
el problema es
que lo buscamos fuera de nosotros
y las respuestas inician
en cuanto emprendemos
      la búsqueda
         que pocos hacemos durante toda una vida:
      la búsqueda
      de sí mismo.
Descubrir quién soy
trazará el camino adónde voy.
El destino no es un punto ya definido,
es en el camino donde se define mi destino.
¡Empecemos ahora!
No lo dejes para mañana,
pues el tiempo es cruel,
pasa solo una vez.
No regresa,
no rebobina,
no hay **rewind**,
ni grábalo para más tarde.

Empieza hoy
a descubrirte,
a cuestionarte.

Cuestiónalo
         todo.
¿quién eres?
¿qué crees?
¿qué buscas?
¿qué disfrutas?

¿qué te pone mal?
¿qué aportas?
¿Adónde deseas ir TÚ?
¡no tu sociedad!
¡no tu cultura!
¿adónde deseas
TÚ
emigrar,
viajar,
volar,
regresar,
escapar,
soñar,
llegar,
rebasar?

Yo soy poeta

Yo soy poeta, artista, bailarina, actriz, escritora, cocinera, productora, consejera, educadora.

Siento ganas de vivir, volar, brincar, bailar.

Quiero soñar, lograr, alcanzar, expresar, ayudar.

Imagino igualdad, paz, armonía y libertad.

Toco el cielo, el aire, el amor y el mar.

He sentido el dolor, la traición, la humillación.

He vencido el temor, el desánimo y la apatía.

He llegado al lugar donde hay gozo y humanidad.

Soy risueña, energética, romántica, soñadora, apasionada, libre, libertadora, y a veces, soy más.

Tengo celo por el evangelio, rabia por la injusticia ganas de dar amor, deseos de motivar, ansias de crecer, ganas de volar, valorar, expresar, liberar; sed por aprender, sembrar y cultivar.

Yo soy …
    Anna María

Ahora te toca a ti. Te regalo esta oportunidad para ver dentro de tu alma y descubrir todo lo bello que ahí guardas. Termina las frases; escucha a tu corazón. ¿Tú quién eres?

Yo soy

Siento

Quiero

Imagino

Toco

He tenido

He vencido

He llegado

Soy

Tengo

Yo soy

"Antes de morir todos debemos hacer algo que valga la pena escribir, o escribir algo que valga la pena leer."

~Autor desconocido

Choices: decisiones, opciones, obligaciones

To live?
What is to live?
¿Qué es vivir?
To live in fear is death alive.
To live in guilt is lifeless life.
To live ... ¿qué es vivir?
Hay una ley
yes, only one law:
to love all and seek the good of the whole
and then, you can live.
Sigue la regla y puedes vivir
not for others
but for YOU,
Yes,
I said for YOU!

Pero soy Latina and that would be a sin
¡Egoísta, cómo te atreves a pensar en ti!
No time for happiness, la gente buena sabe sufrir
How dare you have a dream!
And one that goes against our society!
Aprende a sufrir
Learn to suffer
Sacrifice Nena, sacrifice it must be!
Sacrifice your ganas,
Destroy every wish
Become a good mama
Imposing, demanding, guilting, controlling

¿No aprendes a tu madre?
¡Que todo lo entregó por ti!
Why do you want other things?
Why do you believe in possibility?

¿Qué tienes en la cabeza?
What will la gente think?
How dare you think of leaving in pleno Holiday?
Your place is with your family, not New Year's in the Bay!

God said "blessed are the poor for theirs is the kingdom of heaven;
benditos los pobres porque de ellos es el reino de los cielos".
So, don't get rich, that too is a SIN???

But God said the love of money, not anything against being rich!
Pobres pero orgullosos, pobres pero soberbios
Pobres y rencorosos,
    pobres,
      de esto no hablaba el VERBO.

Pobres, pero de orgullo
Dando cariño al limosnero
Pobres, pero de espíritu
Capaces de obedecer al maestro
Pobres: Sí
Pero NO de DINERO.

It's Time

Ya es hora

De cortar de golpe el miedo

Como se machetea una mala hierba

Y extender las alas y volar

Ya es hora de no temerle al precipicio

El piso, es solo un punto de inicio

Ya es hora de **ser** lo que vine a **ser**

De dar todo lo que hay que dejar

Ya es hora de dictar mi propia vida

Sellar heridas prohibiéndoles sangrar

Ya es hora de aventar el capullo

Ya es hora de vivir sin …

Ya es hora …

Y la hora …

… ¡la decido yo!

Ya es hora.
       It's time.
              Let's go …

~15 de octubre 2019

PINTA TU UNIVERSO

Trascender

Toca el universo

    Busca el cielo

        Rendirse queda prohibido

          Tu valor es interno

      Haz brillar tu talento

    Transforma el mundo

Dale color a la humanidad

Y brilla

      hasta iluminar

          el infinito.

"Y no me despedí de mis amigos, a mi amor y a mis padres dije adiós y a solas lloré, no había testigos y mi pena la supo solo Dios." ♪
Joan Sebastián (Sebastian, 1985)

El Pancho se fue

Es que ti juitis Pancho

Disque pa darme una vida mejor

Te juitis al otro lado

Y ni siquera me dijitis adiós

Te mandé anunciar un día

Con el Gordo y con la Flaca

Pero no hubo

Quén dera

Noticia de tu llegada

Los chiquillos aquí

Pasando hambres y fríos

Igual siguen

Y tú ¿quén sabi endondi?

¿Endondi te abrás metido?

Le recé a la Virgencita pa que

Te cuide del mal

Que no vaya ser

Que quedatis

por un río o un matorral

Es que ti juitis Pancho

Pallá pa la gran suidá

Y aquí tu Filomena

No para de llorar

Wetback Lesson

Me corrió el hambre
me expulsó la violencia.

Rubio adinerado,
¿Qué sabes tú de mi existencia?

Por eso me atreví
a cruzar la frontera
y me jugué la vida de mis hijos
junta con la mía
sabiendo que tú,
que tú
me aborrecías.

Me puse en marcha
con manos vacías
y no descansaré
aunque en el trayecto muera,
fuerte moriré,
por dar a mis hijos
la lección:
de nunca
       dejarse vencer.

      Y preguntas

¿por qué salí de mi tierra y arriesgué toda mi vida?

"… caminante no hay camino, se hace camino al andar…"
Antonio Machado

Forgotten

-Apá el compadre Lupe te está haciendo señas dice que te pares. -

Eran principios de abril y veníamos de caravana, cuatro familias, cada uno en su automóvil. Nosotros teníamos un carro Buick, éramos sólo tres, pero traíamos a mi prima que también venía a los trabajos de temporada. Ella no iría hasta Modesto; la dejaríamos en Parlier, un pueblito a 20 millas de Fresno para que trabajara en el campo. Viajábamos en grupo porque mamá decía que era mejor llevar compañía por si a alguno se le descomponía el carro y porque había tramos muy largos de desierto que eran peligrosos.

-Ya se paró. -

Esperamos a que pararan los otros carros y luego el compadre Lupe se acercó a la ventana de Papá. Hacía mucho calor, tal vez ya estábamos en El Paso, Arizona o Nuevo México pues los *files* estaban muy secos como un desierto. Yo me había quedado dormida unas horas antes, así que, ya no pude leer los letreros del camino. Yo no sabía dónde estábamos, pero lo que era seguro es que era un desierto. El compadre traía cara de preocupación mezclada con risa, de esas que te da cuando tienes pena o acabas de hacer una travesura.

Se bajó de su camioneta y se acercó a la ventana de mi apá.

-Chingao compadre, qué agüite, pero, ¿qué crees? Me van a tener que esperar, se me olvidó mi vieja en la gasolinera!

Habíamos parado todos a poner gasolina e ir al baño y como mi tío traía camioneta con camper, no supo si su esposa se había subido atrás y pensando que sí, seguimos todos a California. Ya habíamos recorrido casi 50 millas y tuvimos que esperar a un lado de la carretera a lo que parecía un monte de maleza seca.

Los niños estábamos felices, era una oportunidad de correr y brincar para desentumecer las piernas del viaje anual que constaba de 36 horas sin contar las paradas. Pronto llegaríamos al campo migratorio y yo regresaría a la escuela y a jugar con mis amigas. Y también a comer los manjares insípidos de la gastronomía anglosajona. Porque ya sabe usted: estoy en California y que ganas de tomarme una Coca-Cola de México y una vez en México que ganas de una Coke de California.

Y todavía faltaban casi un día de camino… así que una vez recuperada la comadre seguimos rumbo al Norte.

Nice Girls

Papi doesn't want us hanging around Don Chon's daughters. Dad says he has seen them leaving the house and getting in cars with hombres. They even bring their novios inside the house and everything! He doesn't want us to turn out like them. ¡El pobre Don Chon! It's all his fault, you know. That's what he gets for letting them go to college. Even his wife doesn't mind him anymore. ¡Lo tienen como un pendejo! Says Papi.

    Everyone knows a woman's place is in the home. At la universidad, women get all sorts of ideas put in their heads. They start to think they can be the boss and that they don't need a man to be the head of the house. And what is even worse, I heard Lupita, the oldest one, is going to live all by herself in an apartment. No mujer decente goes to live alone.

Only God knows what she's planning to do and with who! That's why I'm going to marry Luis right after we graduate from High School. I don't even want to turn out like the gringas and forget who I am.

We are Latinos, we don't kick our kids out when they turn 18 or 30. Do not allow yourself to be told you are not independent if you choose to live at home after you have become a professional. La familia es lo más importante en la vida. I have yet to read the biography of a CEO, who did not regret the time he spent away from his family, many lost their family in pursuit of the career. "No pierdas lo más por lo menos", this is one of mom's favorite sayings.

You know what I miss the most about living in Mexico? My abuelitos, they were my neighbors, so were my tías and that will always far outweigh the biggest mansion on this earth.

We had no fence to divide our homes. Mi patio era enorme y me iba todas las mañanas a desayunar a casa de la abuela. Everyday, cuando mami hacia la comida, servía un plato para que yo le llevara a los abuelos. I would run over to their house then return to sit at the table where my plate was served and ready to eat. Y todas las noches me iba a casa de ellos, le tocaba la puerta a mi abuelita y le decía: Güelita, vine a decirte que duermas con los angelitos. And she would reply with a chuckle: No, yo voy a dormir con tu abuelo. Lo que daría por volver a vivir rodeada de mi familia.

No es malo ser independiente, pero tampoco te hace dependiente si decides quedarte en casa.

The King of the Jungle

Don't you just hate how your father sits on the couch como el rey de la selva and orders your mom around? Oye Vieja, bring me a beer; oye Vieja, I'm hungry; oye Vieja traime una botana, oye Vieja, this, oye Vieja that! "¡Y aquí se hace lo que yo digo; yo soy el hombre!" says Papi. When I grow up, I'm going to marry a man that can take care of himself, one that doesn't need a maid. I guess in the end, it's not so bad. Papi wears the pants in the family, but mami tells him which pair to wear. Hurry Nena, I don't want to be late to P.E.

Lo que son las cosas, y creíamos que con la superación e independencia de la mujer el mundo sería mejor. No me malinterpreten, estoy súper a favor de que las mujeres se eduquen y sean tratadas con igualdad, pero jamás a costillas de la desintegración familiar. Podemos leer multitudes de estudios que demuestran como hace falta la familia en el desarrollo de un pequeño. Y solo basta con entrevistar unos cuantos adultos heridos para corroborar que realmente un padre y una madre no pueden ser suplidos. Todo adulto falta de uno de ellos, te puede contar de los vacíos que dejan cuando no existen en el seno familiar y de las consecuencias que han pagado por esos vacíos. Sin duda, por eso mi fe en Dios aumenta por segundo, solo Dios ha puesto una verdadera igualdad entre los seres humanos, exigiendo respeto para todos, sin dejar a nadie fuera.

Can I go?

Mom, can I go to the school carnival?

I don't know Nena; you need to ask your father.

But dad isn't home!

Well, I guess you don't go.

But mom!

No Nena, I will not be to blame if something happens.

Dad, can I go to the school carnival?

I don't know Nena, go ask your madre.

But mom said to ask you.
She said: if your dad said yes, then I say yes.

Nena, go ask your madre.

But dad, she said to ask you.

What time is it, young lady?
No, it's too late, you should have asked me earlier.

But you were not home earlier!

Don't talk back to me young lady!
The answer is NO!

The Fire Alarm

Mom immigrated first to the state of Texas from Mexico, where she worked as a maid. Due to poverty and your typical **machista** father, she and her older sister had to find a way to support the family. Our homes went from a garage to a beat-up trailer, to an apartment that we washed down with the hose where she caught an awful skin infection, until we were able to buy an old home that we finally called our own.

After her struggle in Texas, where she worked as a maid and was badly mistreated, she came to California to work in the fields where she met my father. Dad spoke English and had worked his way up to foreman, but the joy lasted little as my father died while drunk driving one April night. Although he was a legal immigrant, he was taken to jail and not to the hospital. He never made it out of surgery.

By this time, we were already living in California and by coincidence, we ended up buying a house on Texas Avenue. We were still a migrant family but now we were traveling back and forth from Texas to California. Why Texas? It was only two hours away from mom's hometown in Mexico. Dad had built her a house next door to her mom and dad, before his fatal car accident. Taking care of her parents during off season was a priority and the only reason we left Mexico was to be able to make enough money to live and still support her parents.

The years had passed, mom was remarried. In Texas, we had managed to buy a prefabricated home in a lot better state than the one we had in California. We had no idea what a fire alarm was, we had never had one. I knew the sound of it, only because I attended school and was quite familiar with the fire drill process.

One night as mom was making dinner, she became distracted and burnt a tortilla on the **comal**. Immediately the fire alarm went off and mom started to run around the house with a face full of panic and screaming. I was shocked to see mom so scared and began to cry. I felt so much pain in my heart and a huge desire to save her from her past. It was at that moment I realized how much she had suffered due to poverty and ignorance. It astonished me to think that if a mere fire alarm had caused her that much fear, I could not even begin to imagine the cruel and painful situations she must have lived in the past. It was then I knew, she had NOT YET been made into America.

A lot has changed since those days, Mom has now become a voting U.S. citizen. She owns her own home, which is fully paid off and which she bought brand new. She even chose the colors and the floors. She is very close to paying off her brand-new Nissan car. She retired from a tomato canning company and both her children are now professionals. I hold an M.A. Degree and my younger sister has two B.A.'s We both own our homes. It is thanks to her pain and struggles and her fighting spirit to achieve a better life for her family that WE are NOW **MADE INTO AMERICA.**

Written on 9/15/2015, this short story became one of the tops stories in a series titled Made into America, where many immigrants share their experience, hardship, resilience, and success through the art of writing.

Cruzando el puente a casa de los abuelos

Tomate season was over! It was early November and mother nature was letting us know the trees would soon enter their deep sleep. This meant we could now pack our things and go back to Mexico. It was a two-day drive from California and the thought of seeing my grandparents, elated my heart. I had not seen them or heard Abuela's voice since April. This year, we would not have to cross the train bridge by foot with our belongings.

Ahora teníamos un puente que podíamos cruzar en carro.

Desde el mismo momento que podía vislumbrar el puente a lo lejos en el pueblito llamado Francisco I. Madero, mi corazón se aceleraba latía tan fuerte como si se me fuera a salir del pecho.

Casi dos cuadras antes de la casa del abuelo donde estaba la tienda de Chucho, yo empezaba a gritar: Güelito, Güelita, ya llegamos.

Pero aun había que pasar la casa de Tío Rey. Luego llegar a la plaza y pasar la iglesia. Una cuadra más a la tienda de Cesar. Por fin, la casa de Tía Lucita y Tío Lencho. Ahí era cuando con el corazón ya casi saliéndose de mi pecho salía mi Güelito Domingo con sus carcajadas y me recibía con un abrazo y luego saldría Güelita, ella era más calmada, pero su alegría era patente y su abrazo lleno de amor. Ella solía decirme: no me beses hija, ya estoy muy viejita. Pero yo nunca la vi viejita, yo solo pude ver a mi abuelita, a quien amaba yo con todo mi ser.

Ya una vez pasando los saludos, seguíamos todos a la cocina para comer tortillas de harina hechas por ella con frijoles refritos o un huevito, mucho más que orgánico, ya que ese mismo día lo había puesto la gallina. Y no podía faltar la salsa de chile piquín que fui a traer del patio de enfrente, molidita con tomate en el molcajete.

Al frente de la casa de tío Lencho. vivían los compadres Luis y la Perita. En contra esquina de la casa de mis Güelos. Donde por las noches, tantas veces jugamos al bote, a las escondidas, o simplemente todos nos sentamos afuera a platicar.

Los mayores en sus mecedoras viendo pasar a la gente. Casi toda conocida, que paraba unos minutos a saludarse

-¿Cómo le va Tío Mingo?

-¿Cómo está tía Chica?

A veces pasaba mi tío Pepe, a caballo y otras veces en su camioneta guinda. Y se oía su grito: "Tío, Tía"

A veces Rogelia, que nunca supe, era curandera. Pero cuantas veces me curo de susto con un huevo crudo. Rezando tres credos, un padre nuestro y un Ave María. Luego decía: Anna María vente no te quedes y yo respondía: Ahí voy. Era la pobre más rica que yo conocía, nos invitaba a cenar a su casa. Nos preparaba tortillas hechas a mano, un molcajete de chile de su jardín, y una sopa de pétalos de una florecita que se daba en el campo, que mi madre llamaba flor de quiote. Era un verdadero manjar, porque lo que más tenía su comida era amor. Supe que al final de sus días tuvo un encuentro con Dios y no se perdía misa en nuestra pequeña iglesia donde aún se tocan la campana para llamarnos a la Santa Misa.

Ella vivía en la esquina al lado izquierdo de los Güelos. Nosotros al lado derecho, pero entre nuestra casa y la de mis abuelos no había barda. Así que podía tener doble patio. Para hacer solo uno enorme donde tantas veces jugamos.

Cuando aún no iba al kínder, la Mona, y yo nos bañábamos, en ese patio. En un baño (tina grande), que era nuestra piscina y era también multiusos, pues ahí se lavaba ropa, se guardaba maíz para el marrano y para las gallinas y tantas cosas más. Qué recuerdos tan lindos guardo en mi alma. ¿Y tú, cuáles recuerdos guardas?

La Malinche

Luego llegó la malinchada. Ay sí, muy gringa, hablando mucho inglés. Si te juntas con las gringas nos traicionas y ni se te ocurra querer jugar softball como si fueras una de ellas.

Pero me encantaba pasar el almuerzo con el Profesor que tenía el apellido más largo que había yo escuchado en mi vida, y a parte Alyssa y Jennifer llevaban unos sándwiches con panes extranjeros como el de **sourdough** y una carne que no había en mi rancho que se llamaba **pastrami**. Encantadas aceptaban hacer cambalache; pues para ellas, era un manjar mi burrito de carne guisada con frijoles preparado por mi chef personal llamado: mi amá. Y pues, aunque en ese tiempo yo lo ignoraba, ya tenía yo mucho de nerd y un poco menos de pueblerina. El profesor de historia nos hacía viajar por el tiempo con sus charlas descriptivas que a cualquiera transportaban como cápsula de tiempo a las pirámides de Egipto o las ruinas de los Mayas o igual te subías a La Niña, La Pinta o la Santa María.

Y ocurrió que, para mí, ya era demasiado tarde, ya era bicultural y no sabía vivir sin tacos ni subsistir sin hot dogs, pizza y hamburguesas con jalapeños y aguacate. Ya no habría manera de agarrar el estropajo para tallarme el espanglish, ni para dejar de comer pavo con arroz y chile de molcajete. Ya no había sopas maruchas sin tapatío y limón. It was too late. I had biculturated!

Las Adelitas modernas:

Quizás han cambiado sus rifles y carrilleras
por portafolios y laptops.
Quizás sus naguas se han convertido
en trajes de negocios.

Pero aún pelean la misma guerra,
la misma causa de revolución:
luchan contra la indiferencia,
la discriminación y la opresión.

Son las Adelitas modernas
cargando con fuego de sabiduría
sus armas de profesionistas;
luchando en un terreno
donde
        nunca antes
                fueron vistas.

Somos las Adelitas modernas,
las mismas que crían y siembran,
las que dan amor al hogar,
las que mantienen la familia sin separar,
las que desean una vida mejor,
un amor que no termine
y un mundo sin discriminación:

somos las Adelitas modernas.

The Best of Both Mundos

Me gusta ser Americana,
I love being American
on Thanksgiving, Valentines' and Easter Day
Specially for the turkey, the stuffing
and the cream brullet (oh, wait, that's French)

I love being Mexican
el cinco de mayo,
el 30 de abril,
and during carne asadas
any day of the week:
res, puerco, pollo, salchichas picosas, chorizo,
nopales
you name it
we grill it
and top it with salsa verde, roja, o tricolor ...
if it's a mixture
it taste ... mucho mejor!

Me gusta ser Americana
on summer vacations
and family trips
camping, hiking,
a day at the park,
Disneylanding,
fried chicken,
pizza,
hot dogs,
a day at the lake
with burgers on the grill
and potatoes chips
or salad on the side.

Me gusta ser mexicana
cuando hay música
mariachi, zapateo y ay, ay, ays
¡Qué me toquen "Las mañanitas",
"El niño perdido" y "La que se fue"!

I like being Mexican and reading Borges and Neruda,
Feeling like Sandra Cisneros living on Mango Street
Me gusta ser Americana
and be
        all that I can be

Viva la independencia

        any day of the year

I can live alone and not be a hoochie mama!

I can achieve, excel, over qualify, succeed

    and still

        be just be me!

En fin,
I've got the best of dos mundos
Right here in my backyard...
y a mi abuelita en la sala
tejiéndome un gabán.

Me gusta ser mexicoamericana

    y a veces

        y a veces

            mucho más ...

I Am Corazón

I am corazón

I am sentimiento

I am angered at injustice

I am overjoyed at freedom

Yo soy heart

Yo soy emotion

Me corta la hipocresía

Me late la justicia

Don't tell me to be fría

"No metas el corazón" me decían

"You're the teacher not the mother"

Pero no podía

They're just diamonds in the rough

Yo respondía

    They deserve the best of me

TODOS los días

I am corazón

I am sentimento

No soy fría

SOY

L A T I N A

La jaula: perdón, quise decir el aula

EDUCAR
Cuestionan, preguntan quieren saber
pero en 47 minutos ¿qué puedo yo hacer?
Necesitan, añoran, desean, podrían lograr
si tuviera yo
60 brazos,
30 bocas,
60 oídos
y tiempo
más tiempo
para dedicar,

y me llaman educadora,
cuando los veo caer,
a través de las grietas
que los timbres escolares logran hacer,
en sus vidas llenas de talento y de potencial.

Se enfadan,
se aburren,
se desilusionan a la vez,
no hay tiempo,
no hay tiempo,
hay que seguir,
a la página treinta, la poesía de Martí,
al sustantivo y al verbo, al ensayo y la fábula,
por favor alguien dígame
¿por qué le llaman a esto educar?

siéntate,
no hables,
saca tu lápiz,
no dibujes en tu libro,
pon atención,
no le quites sus colores,
siéntate bien,
lee, hay que mirar el libro para leer,
¿qué te pasa?
¿cómo que no entiendes?
ya lo expliqué por octava vez,
¿dónde están tus notas?
¿qué no las leíste ayer?
¿por qué no haces la tarea?
no estudias
no memorizas
no te puedo ayudar,
el timbre
el timbre
hay que continuar, a la siguiente clase,
a otra materia que a medias
se va a quedar;
corre,
rápido,
aprende,
lucha,
logra,
it's the American Dream …
everyone can go college y salir de la pobreza
económica y emocional,
podrás pagar un psicólogo, comprar un auto, una
casa, ¿un hogar? …
el timbre, el timbre, hay que continuar …

~noviembre 2012

Esta va pa la raza del: ES QUE

Es que somos pobres.
Es que no hablo inglés.
Es que no sé escribir.
Ni siquiera sé leer …

Es que yo no tengo quien me ayude.
Es que me trataron mal.
Es que soy mexicano
y me van a discriminar.

Es que no tengo carro …

Es que, ¡Ya estuvo bueno!
Ponte a trabajar.
No sabes escribir,
estudia y aprenderás
¡Busca y encontrarás!

Ponte a ver lo que tienes,
no lo que te falta o lo que te faltará.

¡Es que ya basta de
hacerte la víctima!

Suelta la muleta
y ponte a caminar.

Cojito o de rodillas
camina y arribarás.

Es que todo se puede
cuando en realidad se quiere.

Deja de hacerte el tonto,
aunque sea más pronto.

Es que, ¡Ya estuvo bueno
de no querer agarrar
al toro por los cuernos
y ponerte a investigar!

Los triunfos no caen en las manos;
hay que irlos a buscar.

~noviembre 2017

A Christmas Poem: a mis alumnos.

¡Tú eres amado!

You are loved!

Not only during Christmas

But the whole year through

There is someone so special

And that person is you.

I teach because I love to teach

I teach because of you

I teach to educate the hearts of many

Or the hearts of just a few.

I wanted to give you a present

Something you'd never forget

You have a special purpose.

Don't fear discovering it!

And if I'm close or near

Remember you are loved …

And to my heart you're dear

I'm wishing you the best Christmas.

And the most awesome new year!

And don't forget your Spanish

When we meet again right here!

With all my love and respect to all my wonderful students… thank you for letting me be part of your life and letting work be so much fun. Be safe, be good, do homework and eat lots of food!

Escribí este poema siendo una principiante en el oficio allá por el año 1994. Al verme sin los recursos económicos, pero con todas las ganas de comprarles regalos a cada uno de mis 150 alumnos. Y de nuevo, me rescataron las letras y una vez más la tinta y el papel dejaron fluir lo que salía de mi alma y guardaba mi ser.

Oda al instituto de Santa Barbara

Instituto divino tesoro
Que me tienes como
La jaula al loro

Eres mágico poder
Después de ti
Un bruto más,
Ya no he de ser

Tú que me hablas de gramática
Y de literatura me enseñas
Tú que la fonética me muestras
Como si yo ignorase las letras

Eres misterioso poder
Pues estando en Santa Barbara
La playa no he de ver

Instituto divino tesoro
Jamás te olvidaré
Y por ti,
Al inglés renunciaré

Tuve la dicha de estudiar en la Universidad de California Santa Barbara. Además de bella, estaba junto a la playa, uno de mis más grandes amores. Fueron tres hermosos veranos con fin de obtener un postgrado: mi maestría en español. Cuantos bellos seres humanos, de tantos estados, de tantos países. Me siento inmensamente bendecida por haber vivido esa maravillosa experiencia. Para todos los que fueron parte de este capítulo de mi vida, dedico con cariño este poema.

A la mujer que me enseñó que la vida siempre sigue: mi madre.

¿Me perdonarás algún día?

¿Me perdonarás algún día
por ser independiente
por toda esta educación que me diste,
la que echó andar mi mente;
esta sabiduría
que me empuja a una vida mejor,
que me separa de ti
porque no piensas como yo?

¿Me perdonarás algún día
por ser toda una mujer
y buscar horizontes nuevos
lejos de mi ayer?

¿Llegarás por un momento a comprender
que no es falta de amor
ni de respeto
pero es mi manera de ser?

¿Sabrás madre cuanto te quiero
aunque mis ideas no puedas entender?

¿Comprenderás que mis alas
solo ansían volar?

No me cortes las ganas,
estas ganas de triunfar.

No me detengas del futuro

déjame echar a andar
        esta sangre de triunfo
        que corre por mis venas
        que me grita que soy otra
        que no he empezado apenas
a ser lo que soy
a dar lo que puedo dar
a realizar lo que hasta ayer
solo pude soñar.

¿Me perdonarás algún día
por no ser igual que tú?

¿Te perdonarás por hacerme
autosuficiente,
mujer fuerte,
inteligente?

¡Es que no te ha salido
todo al revés!
Es solo un mundo ajeno a ti
que te es difícil comprender.

No es falta de amor
ni es que no te necesite
porque madre
            solo hay una
y te necesitaré
               siempre.

Pero tengo alas
que quieren volar
sueños que están locos
por volverse realidad.

¿Me perdonarás algún día porque ya no soy igual?

Entenderás que te quiero
aunque no pueda aceptar
tus límites
tus reglas
tu forma de razonar.

¿Y estarás orgullosa de mí
cuando ante todos
yo pueda triunfar?

Me pregunto madre:
¿si algún día,
mi potencial
perdonarás?

"Vamos a jugar un juego conmigo, que me gusta mucho a mí, tienen que fijarse bien en lo que digo, si se quieren divertir." Canción de Lorenzo Antonio (Antonio, 1982)

Poetizando (con mi hija)

Sabes Aleksandra

el otro día cuando charlaba

me salió verso sin esfuerzo.

Sabes mami,

me suele pasar lo mismo.

Hablo y sin pensar

Solo rimo y rimo

¿Será que la poesía

la traemos en la sangre?

No, tal vez fue que hablaba

Delirando de hambre

¡Y vaya que hambre!

De tacos, enchiladas

pozoles y parrilladas

deliraba y deliraba!

Y yo pensaba en helados

de chocolate y de vainilla,

con chispas de cacahuate

y fresas en una orilla.

Bueno mi niña hermosa

Me voy que el quehacer me llama

Nos vemos mamita linda

Tal vez ¡poetizamos mañana!

La poesía es parte de mi DNA, desde antes de que naciera, ya pasaba yo largos ratos leyéndole poesía a nuestra hija, a quien le heredé también mi gusto por el buen comer. No se les hará extraño entonces que en nuestra vida cotidiana se colara este poema mientras ella me pedía de comer y yo hacía mis deberes domésticos.

No podrás

Cuando veas que la luna está llena

la noche te hablará de mí.

Cuando pongas tus ojos en ella

sabrás que hoy y siempre pienso en ti.

Cuando disfrutes el brillo de las estrellas

que corren infinitas por el cielo interminable

sabrás que igual que yo

TÚ

no podrás

olvidarme.

Y cuando el rocío empiece a caer

deslizándose sobre el amanecer

sentirás cada caricia mía

que caía sobre tu piel.

Escrito en el salón de fiestas de Estación Aldama, Nuevo León, en un pedazo de mantel de papel blanco (del rollo de la carnicería donde se compraba en ese entonces el mantel para las bodas) más o menos por los años1984-1986.

Hay momentos

Hay momentos que la vida te pasa
Hay momentos que la vida
Te pasa
Hay momentos en que el aire no alcanza
Y que se apaga la luz,
que el sol deja de brillar
Que el oxígeno no está en
      ningún lugar

Hay momentos cuando todo se acaba
Hay momentos que la vida te pasa
Y que no te alcanza el aire
Que no te comprende nadie
Que los días son tan grises
Y las nubes ya
no existen
Hay momentos que la vida te pasa

Y cuando has perdido todo
Una mano te rescata
Y te muestra que es mentira
Que la vida
no
rebasa

Y esa mano te ilumina
Te recuerda que la vida
Es
prestada

Que tenemos un camino

Que la luz nunca se ha ido
Que la vida es solo eso
Un momento
Y
más nada
Y ahora vas camino arriba
Y ahora sabes que respiras
Que el oxígeno por siempre

Estaba

Con cariño inspirada por y para mi cómplice en la música Felipe ... porque realmente para todos hay momentos que la vida nos pasa, pero jamás nos rebasa.
     Dios es esa luz,
        Dios es esa mano,
    Dios es el oxígeno

que siempre estaba...

Un poema por vivir

Por vivir tan solo un día
Para ver brillar el sol
Por soñar solo un instante
Que existe el verdadero amor

Por vivir unos minutos
Cosas que nos dejen huellas
Por creer que hay en el mundo
Más de un millón de cosas bellas

Por vivir este poema
Por vivir estas palabras
Frases lindas, frases suaves
Que alimenten nuestras almas

Por vivir
Tan solo por vivir
Aprendemos a llorar
Y aprendemos a reír
Por vivir …

… tan solo por vivir.

Escrito con máquina de escribir; ahí les dejo de tarea el año, ¿sí conocen las máquinas de escribir? Ji,ji,ji. LOL

Hoy te vi

Hoy te vi
Más bella que antes
Y de lejos te admiré

Hoy, como siempre,
Quise hablarte
Hablarte …
… y me alejé

Muchas veces mi inspiración nace de alguna vivencia de un amigo. Esta poesía nació cuando un super amigo lindo que tanto quiero me contó que le gustaba una chica de las que venían al grupo de jóvenes en la iglesia donde nos reuníamos cada miércoles, pero no se atrevía a decirle. Gracias, amigo, por dejarme ser parte de tu historia y regalarme sin saber esta poesía.

"Haz sólo lo que amas y serás feliz ... el que hace lo que ama está benditamente condenado al éxito."
Facundo Cabral

Cuatro poetas y un chocolate y bate que bate

Muy chingoncitos los cuatro
Del rancho al Urbano llegaron
Hicieron tanto alboroto
Que las noches de poesía
Se armaron

Y ahí se la pasan jueves tras jueves
Ya, hasta por Univisión se anunciaron
Y la raza, llegue que llegue
Pos ya como que se enviciaron

Cada loco con su tema
Perdón,
Déjeme usted rectificar
Cada poeta con su causa
Al mundo piensa cambiar

Y aquí los tienen señores
Señoras y señoritas
Pal pueblo y pa la raza
Ya vienen que poetizan

Solo dos cosas les pido:
Su silencio y sus aplausos
Y con esta comenzamos
La noche de poesías y cantos

Este poema lo decido a mi Pabla Neruda, Vielka Solano. La gran poeta que fundó las noches de poesía en Modesto, California y a quien tengo la bendición de poder llamar: amiga.

Soy

Soy fría y calculadora
Soy pirata vestida de Madonna
Soy cicatriz imborrable
Soy estrella inestable
Soy aire que nadie puede detener
Soy fragante perfume de mujer
Soy ayer que vive eternamente
Soy pasado, futuro y presente
Soy una caricia arcana
Soy luz en cada mañana
Soy volcán en erupción
Soy roca sin corazón
Soy un beso robado
Soy poeta armado
Soy pasión encendida
Soy ilusión concebida
Soy ayer, hoy, mañana y siempre

    Soy
          Simplemente

*"The house is a mess.
No food has been cooked.
Mom has disappeared,
she's drowned in her book."*

LIFE 101 a la mexicana

Professor: mi amá
Classroom: la casa
Fieldtrips: el remate, la cocina, el patio de atrás, el río

Mi madre ha sido siempre muy dichirichera, no pasó de tercer año en la escuela de su pueblo, pero sus vivencias y su lucha por una vida mejor, le dio el doctorado para enseñar LIFE 101.

No escupas pa'rriba que en la cara te cae.

Haz el bien y no mires a quien.

El flojo y el mezquino andan doble su camino.

El muerto y el arrimado a los tres días apestan.

No vivas una vida que no te puedes pagar.

Las tarjetas de crédito son para emergencias.

Después del sacrificio viene la recompensa.

No pidas ropa prestada, ponte lo que tienes o no vayas.

No hay mal que dure 100 años ni santo que lo aguante.

Más vale comer tortilla con sal que dormir con la pistola debajo de la almohada.

Si quiere algo, trabaje, ahorre y compre.

Lo bueno cuesta.

Lo que fácil llega, fácil se va.

En la cama y en la cárcel se conocen los amigos.

El valiente vive mientras el cobarde quiere.

Si alguien está enfermo: visita y lleva un plato de comida.

Si alguien se muere apoya con su presencia y los pésames mijita, nunca se dan por teléfono, sino puedes ir a funeral presentante otro día en persona.

Se dice que los dichos son del pueblo, pero yo digo que estos son de mi madre y la herencia más valiosa que me ha de dejar cuando Dios la llame a su presencia.

Me: The Dreamer

-Bajate de tu nube, eso de ser artista
¡No es para ti!
Nosotros somos pobres, tu sueñas muy alto.

-¿Y entonces pa qué me mandan a la escuela?
The school where they tell me
I can be all that I can be
Where we have posters that say:
DREAM BIG
¿Y entonces?

I don't wanna be like everyone else
just get married and become a baby factory,
have a 500 invitation wedding
que todos los compadres vean el bodón que nos hicieron
and in less than a year
I'll be fat, en bata, with a kid and in misery.

-¡Pa qué me casaba!
No, tú ni te metas.
Estás bien así.
No me arrepiento, pero ...

-You want to be an actress?
Las mujeres decentes no se meten a eso.

-Look Anna Maria, I really like you, but
the problem with you is that you want too much.
You want to travel; you want to study and get an education.
That's never going to happen.

Tú sueñas muy alto.

So he left me ... yup for one of those nice girls from the rancho, (tampoco estaba de moda que las niñas decentes fueran a la universidad) then ...

Wow! Thats the Eiffle Tower? And this is what Paris looks like!
From the church of Sacre cour ...
Oiu, oui, je' parle francais aussi.
Je suis trilingual.
Y hablo español, y lo escribo y lo leo también

Yes, I won the award! I just had to write a 150-word paragraph.
We stayed at the Ritz with Shakira, Gloria Gayner and Jimmy Smiths
con cristina Aguilera
y me senté a tres filas de la J'Lo.

Wow Canada, Niagara Falls
Giovanni Paolo
Mi querido Juan Pablo II

¿Y Chespirito? The boyfriend that said your dreams were too big?
He's getting a divorce ... got into the wrong business and ...

Oh look! Aruba baby! La Martinique!
Y yo soy boricua pa que tú lo sepa, es El Morro.
Es Puerto Rico, y la Guzmán se está quedando en el hotel.

Hello Miami Beach ... Basilos said "yo tengo un amigo amigo de un amigo"
And Janet and me, we were shaking it.

Y el Nerudo...la A del Cri Cri
Remember hommie, all the plays we did?
And Mujeres valientes, that was written by thee

What? Who stole my script? My big fat Greek wedding?
My big fat Mexican ass ... I wrote the play and that was a while back!
Remember Sandra at Cabaret West?
Oh no, this is not over, I'm not yet near my best!

And you Anna María ... you're dreaming too big.

      Siempre he sido soñadora y no creo dejar de serlo hasta el momento de mi último suspiro. Lo raro, bueno, lo extraordinario y paradójico es que a pesar de cruzarme con tantas personas que insistían en que me bajara de la nube, no dejé de soñar y de ver esos sueños hechos realidad. Me encantaría que tú también te subieras a mi nube, vamos rumbo a lo imposible, para tocar lo intangible, vamos a brillar, a lograr, a rebasar. ¡Súbete! El boleto, no tiene fecha de caducidad.

Me quedaré

Me quedaré

    por no abandonarme

        cuando te sangré con mi herida,

nunca te dejaré.

Por quedarte a mi lado,

    cuando aún yo estaba perdida

nunca te dejaré.

Por amarme y porque te amo

    siempre me quedaré.

No quiero el brillo de las estrellas
    si tú a mí lado no estás.

No quiero mar y océano
    si no los vivo junto a ti.

Mi **sí** fue para siempre.

Mi Fíat fue real.

Cómo el Dios
    al que profesó
        y no voy a cambiar.

Surrender
Entrega total

Surrender is my superpower,

when I give it all to you.

Surrender says I love you with my life

not just my soul.

Surrender every drop of life that I have in me.

Surrender my last breath to let you live.

Surrender in the arms that give me comfort,

the arms that give me peace.

Surrender,

because when I surrender

that is exactly when I win.

Amo el español, lo amo, es el idioma más bello del universo para mí. Spanish is a romance language.

Decía Borges:

"¿Qué es poesía?

Todo lo que se perdió

en la traducción".

¿Te imaginas la luciérnaga traviesa de la que canta Luis Miguel en inglés? !Es una mosca indisciplinada! ¡Nada que ver, o sea, no!

Pero en la lengua inglesa existe una palabra que tiene una fuerza incomparable que no le hemos podido ganar en traducción. SURRENDER. Cuando la traducimos al español, esa palabra es RENDIRSE, lo cual lleva connotación de perdedor, de aquel que se dio por vencido, del que no luchó más. Pero SURRENDER quiere decir entregarlo todo, hasta el último suspiro, la última gota de sangre, todo lo que tienes, como la viuda pobre de las escrituras que se quedó sin nada por darlo todo.

Hasta volverte a ver

Querida Güelita María,

Lo que muchos no saben de ti
es que mi abuelito, borracha te conoció
en la obra de la escuela
donde llorabas al hijo que a la guerra partió.

Ahí fue donde inicia su eterna historia de amor.
Pues a consolar a la borrachita
el guapo de los ojos azules se lanzó.

Y de un rancho a otro caminando iba cantando:
"Mi caballo ensillado me está esperando ya
Mi vida se las dejo, pero mi corazón se va
Adiós niña bonita acércate al balcón
Para decirte adiós por última ocasión
Ya cuando vayas lejos mi amor recordarás
Te mandaré un suspiro que el viento llevará
Por medio del placer por medio del dolor
Serás trigueña hermosa la dueña de mi amor" (Jose, 1979)

Has cumplido tu objetivo,
has llegado a la meta,
del cielo prometido

Y si algo en esta vida
yo te vi añorar
fue a Jesús a tu lado
donde hoy segura estás

Me dejaste tus recuerdos
Me dejaste tu amor,
Me dejaste la esperanza,
Tú ejemplo y tu valor

Un día perdonaste a quien debió a ti pedirte perdón
Los mandamientos todos luchaste por cumplir
Y las obras de misericordia yo te vi siempre seguir
Diste de comer y de beber,
Tu casa fue posada
hasta para los huelguistas de Chávez,
A México llevaste ropa
para los que tenían menos que tú.
Visitaste a muchos enfermos
y a más de un preso también.

A tus muertos enterraste (incluyendo a mi padre)
A los vivos con consejos adornaste,
Corregiste con amor nuestros errores,
Perdonaste las injurias,
Y a muchos como a mí
muchas veces consolaste,
Sufriste pacientemente
los defectos ajenos.

Y hasta en tu lecho de muerte
a Dios rogaste por vivos y muertos

Hoy te nos adelantas
a la mansión celestial
segura estoy que ríes, bailas y algo más:
Nos esperas segura de la misericordia
De a quien siempre tú llamaste: ABBA
Dios está contento,

su María ha vuelto.
Y no volvió con las manos vacías.
Llegó de colores
y con encuentros matrimoniales
y con otros Guadalupanos
allá en el cielo se encontró.
Llegó con las oraciones
que por todos entregó.
Llegó con las conversiones
que con su ejemplo logró
Y las santas misas
que hoy se celebran en español.

Pues hoy digo con confianza
que todos los que somos tuyos
creemos realmente en Dios.

Te vas, pero se quedan
las recetas de tamales, de polvorones y guisados,
las colchas de cuadritos que a todos nos has dado
Los rosales y tus plantas que con tanto amor cuidaste
El libro abierto y El caballo ensillado
que un día el abuelito también te regaló.

Nos dejas las esperanzas de volverte a ver.

Nunca olvidé el día cuando Dora partió.
Pues fue ahí cuando me dijiste:
quiero que tú hables
cuando me vaya yo.

Y aquí estoy abuelita
hablando para ti.
Regalándote mis lágrimas
como una bendición.
No son lágrimas de dolor
Son de agradecimiento,

son lágrimas de amor

No tengo queja de ti,
pues jamás oí un regaño
solo me diste amor,
apoyo y esperanza
de una vida mejor

Cuando niña me defendiste
Y de grande
de mis logros
orgullosa
siempre estuviste.
Y en tu refri siempre fuiste
nuestra fan #1,
pues era tu galería donde exhibías
nuestros logros por mayor
(To make it to Grandma's fridge was like getting an Oscar and a Golden Globe)
Hey wait, si Güelita si tengo algo que reclamarte:
Just one thing I have to gripe about
Me dejaste el día de la fiesta de Chris
Pero don't worry Grandma
I forgave you for that.

Ahora haremos los que pediste
que no querías vernos tristes
(Well, we will give it our best try)
que estuviéramos alegres
con música y a bailar.
De que todos coman
nos vamos a encargar
para que tú
no te vayas a preocupar.

Allá me esperas Güelita
no me vayas a olvidar.

No llegaré porque soy buena
sino porque el bueno es ÉL.
Por eso es que confío
que también voy a llegar
y que un día otra vez
nos vamos a encontrar.

I love you Grandma

Este fue el discurso que di en el rosario de despedida de mi abuelita María Alanís. Cuando mi padre murió ella y su esposo Domingo vinieron a nuestro rescate. Eran de los pocos mexicanos que ya tenían casa propia en los Estados Unidos en los 70, eran gente maravillosa, gente servicial dotados de una humanidad incomparable. Mi madre no contaba con más familia que su hija de un año, y tampoco hablaba inglés. Ellos no solo dieron apoyo moral, pusieron su casa como garantía para que el banco le prestara dinero a mi madre para enterrar a mi papá, ya que en ese tiempo solo contaba con $10.00 dólares. Desde aquel día nos adoptaron y se convirtieron en mis abuelitos, en mis modelos a seguir, y en mi mejor ejemplo de un católico. Grandma me había pedido que yo hablara en su funeral, y Dios fue tan bueno que la noche que me senté a escribir, me regaló este poema donde pude resumir partes muy importantes de su vida. I love you, yo le decía en inglés siempre y ella me contestaba en español: yo también mijita, mucho, mucho.

Gracias Grandma,
    te quiero mucho, mucho,
        hasta el cielo y más allá.

Lo que callamos los latinos~

Pégame por favor

She loves me,
I know she loves me
She didn't mean it,
She was just mad,
She was hurt,
Someone hurt her
Her life was hard
I didn't know this as a child
I did not know as an adult
I let her hurt me
If I stopped her
God would punish me
She's my mom,
She has a right to yell and hit me
I must be silent
I must respect her
Mommy, please hit me, please hit me
but don't say mean things
the words
                  they
                            cut my heart
they wound my soul
they make me weak
they make me un-whole

Pégame, mami pégame, pero no me grites
Hit me Mommy, hit me but please don't scream
ya no me digas que no sirvo
ya no digas que nadie me va a querer
Hit me Mommy, hit me but please don't scream.
No maldigas mi nacimiento
pégame mami, pégame
pero no me grites
por favor.

Ssssssssssssshh

Don't tell anyone,
La gente musn't find out
Just smile, act like nothing's wrong.
No, it's a lie!
Her dad never did that!
She's making up stories!
She's never been all there!

Mom! Her dad abused her!
It just isn't fair!

It's not true!
¡Y no vuelvas a repetirlo
o te rompo el hocico!

Why do you pretend?
Reality is reality.
No matter where?

Go to the end of the planet.
Hide in a hole if you wish!

Her father abused her.
She was only a kid.
Her mother accused her.
Her family refused her.

So, she chose to go opposite.
Chaos lived in her head.

*She tries in her anger
to clean up her mess.
She travels the world,
like searching for rest.*

*Her father abused her.
Her mother accused her.
Her family refused her.*

Sssssssssshhhhhhhh

Smile
        Denial
                Tears in her bed

Habrá días

Habrá días de lluvia y días de sol
Habrá días de tormenta
Y otros días sin luz

Habrá días que el alma no entienda la vida
Y días de inmensa agonía

Habrá días que humedezcan tus ojos
Días tan agrios como el limón
Y habrá días tan dulces
que pinten de colores tu corazón

Habrá días de arco iris y de cielos azules
De noches oscuras y silencios sin cesar
Pero el sol, no dejará de brillar

Aguanta, son días,
no son
tu eternidad.

En el dolor

En el dolor
el alma cree quebrarse
En el dolor
la cabeza nos engaña
diciendo que no hay salida
En el dolor
el espíritu gime y llora lágrimas amargas
En el dolor
el ser crece
En el dolor
Jesús te abraza y no puedes sentirlo
En el dolor
el espíritu vuela alto sin tú concebirlo
En el dolor
la mejor versión de ti está dando a luz
En el dolor
no hay que poner resistencia
El dolor es para vivirlo, intensamente y sin restricciones
Porque al final del dolor
El alma es victoriosa
El ser se vuelve más completo
En el dolor tu diamante interior brilla
Tu oro se purifica
Por eso
En el dolor
Déjate moldear por tu creador
Déjate convertir en su obra maestra
En tu dolor

~abril, 2023

Prepare for War

As soon as you set your goal to break free from past false beliefs, to embark on your true passions journey, be ready for opposition. As my dear Nancy Salmeron has written "your ego voice, will fill you with fear". However, are not all of life's best things a challenge? Are not all good things a risk? Are not all those things with true value unable to be purchased with money? Hay que comprarlas con coraje, pero no coraje mexicano (not fighting), coraje de valentía, coraje de no me rajo, coraje de que yo vine al mundo para dejarlo mejor de como lo encontré (we must purchase them with courage, with valor, with courage that says I will not quit, with courage that shouts I came to the world to leave it better than I have found it) ... yes, we must push against the voice of fear! As Edgar Lee Masters wrote, "we must take the winds of destiny wherever they drive the boat. To put meaning in one's life may end in madness but life without meaning is the torture of restlessness and vague desire".

After all, one is not at fault for being born for their passion. I was born a writer, a poet, a wife and a mother (among other talents). I did not wake up one day with such desire because I met someone who. These four passions of mine were deep inside me since the creator fashioned me. Writing has been for me, a no brainer, poetry: a simple way to tell a story, let out my griefs and sorrows but also a way to "plasmar" my joys. So sorry the translations lose their meaning. Plasmar, dejar huella, to imprint my joy, some words do no justice to the original.

Being a wife and mother brings me joy and it took not a mere second to give up 55% of my check when my husband posed the question: Do you want a new home or a mother for your child?
Life has been painfully the best, not without obstacles, but those would be there with or without the 55% of the check.

When I gave up my second job and part of my full-time job, I realized that working two jobs, I had stopped living. I had not time to think nor ponder, no time to jump in the lake, or on a pile of leaves when fall came around. No time to compare the colors of the summer with those of autumn, no time to savor my meals and the dishes I prepared with all my heart. Then I began to live again, on less income and more joy. Then and only then, did I realize how much I was missing, how much I was not living. Stepping with bare feet on cold fresh green California grass on a hot summer afternoon, in one of our parks, surrounded with beautiful green luscious trees, was only one of many luxuries I had exchanged for the American Dream. This is why one of my favorite phrases is: no todo es dinero.

Te invito hoy, I invite you today...to sail, sail the winds of destiny...discover what lies within, discover what your inner being holds and sail, sail to all those things that bring you joy. You can only give what you have. And if you are not happy, what are you giving?

Sueña

¿Por qué nací soñadora? ¿No lo sé? Pero lo soy, lo fui, lo he sido y lo seré...y me motiva saber que muchos de mis sueños se han hecho realidad: quise desde primaria estudiar en Hollywood, pasaba diciendo a mis amigas: Un día van a encender la televisión y ahí voy a estar yo; luego descubrí la maravilla de **Public Access** y monté mi propio show, después ayudé a unos jóvenes a montar el suyo. Y así fue como llegó el día en que recibí la llamada de la mamá de una de esas amigas, para decirme: Te estamos viendo en la tele.

Soñaba con viajes, la Torre Eiffel, bailar en un teatro, conocer a mi autor favorito, correr y montar bici a lo largo de la playa una linda mañana, ser esposa y madre, escribir poemas, obras de teatro, canciones, bucear en el mar ... y sigo soñando, sigo logrando.

¿Y tú, con qué sueñas?

Te invito a soñar en voz alta, te invito a poner tus sueños en papel, te invito a no creer en los límites (siempre y cuando se excluya el dañar a alguien o algo) ...

La vita es bella,

    la vida es bella,

        life is beautiful...

life es lo que tú decides que sea ... los problemas son oportunidades para aprender o lecciones, unas con costos muy altos, pero, en fin, siempre habremos de salir de ellos más astutos, más maduros, mejores seres humanos.

Comparte, comparte tus sueños, comparte tu sonrisa, comparte tu pan, comparte tu sabiduría. ¡Pero no los botes a la basura!

Comparte con quien quiere aprender, crecer, escalar, avanzar, subir y ayudar a hacer de este planeta un lugar mejor y más bello.

No te detengas, ni pierdas el tiempo con quien se abraza de la excusa, para no vencer el miedo, para no arrojarse a su sueño.

No los juzgues, ámalos, perdónalos, pero no permitas que te detengan ... sigue soñando.

Ser feliz

Y un día decidí ser feliz

decidí que se vale no ser perfecto

se vale cometer errores

se vale y me vale ser criticado

se vale y me hace valer que los demás inviertan su tiempo en hablar de mí

decidí que la felicidad la hago yo,

la decido yo,

      la abrazo yo

           y la comparto yo

and one day I decided to be happy.

I decided it was ok if my mom didn't agree with my goals and dreams.

It was ok to be more American and less Mexican;

it was ok to be more Mexican y less American,

depending on the day.

It was ok to succeed,

to be more, to do more, to have more,

than those who chose to stay behind.

One day, I decided not being happy

was not an option.

Life was too short, eternity too long

and minus the mishaps, I had no control over,

I had always been happy,

contrary to what my family and culture

tried to ingrain in me.

You see, I love life!

I love music, and bare feet on California grass on summer or fall day.

I love the ocean, the smell of the beach; the cold-water running goose bumps up my spine.

I love my daughter's eyes wide open as she mistakes the Meryl Linch building near the Gallo Center for the San Francisco streets.

I love dancing in the rain with my family, dancing on the patio, en la cocina or in my bedroom just because we felt like dancing to the tune of our favorite song.

I love reliving the 80's with my baby singing them with me.

Se vale ser feliz, caerle mal a los amargados y deshonestos, que no se atreven a vivir la verdad,

a los que les importa más poner careta,

por eso del ¿qué dirán?

I decided being different was the only way for me.

Soy poeta, danzante, escritora, conductora, chef, inventora.

Soy feliz, y a veces infeliz, soy esposa, madre, maestra y profesora, soy educadora.

Soy católica de hueso colorado o morado, pero católica del Señor amado.

I love the simple things and the fancy ones as well.

I love classical music, Gloria Gaynor, Gloria Estefan and Chopin,

I love Neruda, Pavarotti and mucho más.

Me encanta Swann Lake y también el jazz.

I love Let's Hear it for the Boy and This One is for the Girls.

I love Mexican style hotdogs and sandwiches with chile jalapeño,

tacos al pastor, salsa, pizza, chow mein and cream brullet,

the view of Paris from the Eifel tower and Sacre Cour,

the color of the Carabean Waters y las aguas azules bajo el cielo de Cancún

I love Facundo Cabral and his "No estás deprimido estás distraído" work of art,

> Y un día decidí ser feliz.

Mi enemigo la apatía

Nunca pensé ver tanto desgano en mi mundo, como el que hoy día experimento a diario en el aula. Vengo de una generación que tenía ganas de triunfar, la pobreza y las carencias eran nuestro motor. Vengo de una generación donde los padres mandaban a los hijos y no había lugar ni espacio para que el hijo exigiera un ¿por qué?

Podríamos decir, que hoy en día hasta el niño más pobre tiene celular, no hablo de los que están realmente en índice de pobreza de los Estados Unidos, hablo de todos aquellos que caen o caemos en la clase media. Ya nuestra juventud no tiene sed ni hambre de superación. Pagar el precio por obtener a cambio una vida mejor, una educación les parece demasiado. Pasan los días entrando a los salones solo por entrar.

No hay brillo en los ojos, no hay sonrisa que aportar, no hay inquietud por aprender ni curiosidad por descubrir cosas nuevas.

Dialoga con tus hijos. Hazlos pensar. Cuéntales tu historia y ayúdalos a soñar. No seas solo una cartera, no seas solo proveedor. Hay mucho que dar que no se compra con dinero, que no puede jamás regresarte el tiempo.

Dialoga con tus hijos, no te dejes engañar por una sociedad enfocada solo en lo material.

El segundo parto: la pubertad

Que fácil es dar consejos, decirles a los demás que hacer cuando no estamos en sus zapatos, cuando no hemos tenido experiencia de su vivir. Que fácil es olvidar lo que vivimos también. Cuando nuestros hijos se vuelven adolescentes es cuando vivimos todos ese segundo parto. Pues ellos acaban de nacer a una nueva etapa de vida. Cuando eran bebés nos dedicamos a cuidarlos y guiarlos, a enseñarles a agarrar la mamila, a gatear, a dar pasitos, a decir su primera palabra, a enseñarlos a tomar una cuchara y beber una sopa y tantas cosas más.

En la adolescencia, nuestros hijos vuelven a nacer, llenos de inquietudes, necesitan de nuestra mano de amor para saber qué hacer con ese cuerpo que está cambiando, con las emociones que están al mil por hora. Ahora deben aprender cómo ser un amigo, qué hacer cuando alguien les traiciona o les ofrece cariño o una droga. Y cuántas veces al verlos autosuficientes para caminar, comer y todo aquello de lo que alguna vez dependieron de nosotros, los abandonamos.

Es en la adolescencia cuando más nos necesitan, no como cartera surtidora de remedios materiales. Nos necesitan como brújula, como una lampara para iluminar el camino, como el Google de la vida. El mundo les ofrece de todo, pero el mundo no los ama. Y nosotros los amamos y debemos ofrecerles esa mano amiga, esa guía, ese hombro, ese regazo donde tantas veces descansaron de bebés. Debemos ofrecerles el oído atento, la compañía, y el abrazo que al verlos grandes de físico dejamos morir.

No abandones a tu adolescente, acompáñalo, escúchalo, interésate por sus cosas, por más difícil que sea escucharlos. Ayúdalo a descubrir sus talentos y juega con él/ella, salgan a caminar, invítalos a la cocina, al súper, al taller, a cortar el pasto, pero por amor de Dios no lo abandones ni a su soledad, ni a buscar lo que debe encontrar en ti, en otros.

Hazte responsable que acabas de dar a luz por segunda vez.

"Le pido pocas cosas a la vida, las que no compra el dinero, son las cosas que yo quiero"
Diego Verdaguer
(Verdaguer, 1982)

No todo es dinero, logros, triunfos

Si comprendiéramos que todo eso realmente llega por añadidura, no nos afanaríamos por lo material e invertiríamos cada gota de nuestro ser en lo que realmente vale. Y como cantan Los Invasores de Nuevo Leon, ¿y después qué?

Cuando vives en tu propósito, cuando cumples la voluntad de Dios (si no lo llamas Dios, como lo llames), lo material llega por añadidura. Pero ¿por qué nos cuesta tanto dar ese paso de abandono, a la vida misma, o lo que debe ser ... ¿por qué?

Yo realmente creo que porque no sabemos quiénes somos. Vivimos en una sociedad que nos dice: qué debes comer, cómo te debes vestir, qué tipo carro debes manejar, hasta qué marca de agua debes tomar. Ah y eso sí, hoy está de moda el pantalón de los 70, todo acampando y mañana uno curro, todo roto y que cueste arriba de $100 o si no, no es el look del momento. ¡Imagínate! ¿Y a qué hora vas a pensar tú en lo que quieres? No eres un robot, no eres un seguidor, eres un ser humano único e irrepetible. Aun los que son gemelos idénticos cuentan con huellas digitales muy distintas porque cada ser humano es único y es una fuente de talento. Talento que se debe descubrir y dejar fluir para aportar a este mundo un granito o un granote de arena que lo convierta en un mundo mejor. Y toda esa magia, todo ese talento está dentro de ti. Te invito a hacer silencio, un ratito de silencio, calla todas tus voces, mira dentro de ti, usa el espacio siguiente para descubrirte. Porque en la vida no todo es dinero.

¿Qué quiero de la vida?

¿Qué deseo dejar aquí?

¿Cuáles son mis talentos?

¿Si no hubiera limitaciones económicas o de tiempo, que haría con mi vida?

¿Qué haría si no tuviera miedo?

¿Qué es lo que me llena de verdadera alegría? No de gozo pasajero de un fin de semana o un concierto. ¿Qué es lo que me llena plenamente?

¿En qué momento nos perdimos?

¿En qué momento nos perdimos?
¿Y a qué hora nos vamos a recuperar?

At what point did we get lost?
And when are we going to start getting us back?

Mi gente vino con ideales
sin miedo a trabajar
en áreas donde otros
ni siquiera querían pisar.

Pero si es verdad
que veníamos con los bolsillos vacíos,
también es verdad
que veníamos millonarios de valores.

Se perdió el: buenos días
El saludo de mano
Se perdió el respeto al anciano
Se perdió dolor por el dolor ajeno
Se perdió el dónde comen dos, comen tres
Porque mi taco lo parto
para que tú comas también
y olvidamos tendernos la mano.

¿En qué momento nos perdimos?
¿Y a qué hora nos vamos a recuperar?

Llegamos repletos de valor para aportar.
Llegamos listos a trabajar y a respetar.

¿En qué momento LOS perdimos?
Les dimos todo lo material,
"que no sufran
como sufrieron mamá y papá".

Y perdieron los valores,
perdieron la cultura,
el idioma y algo más:
perdieron la U N I D A D,
"la unión que hace la fuerza"
 se comenzó a debilitar
¿Y a qué hora LOS vamos a recuperar?

¡Ya basta de materialismos!
De logros vacíos y egoísmos.
¡Ya basta de caretas!,
que al psicólogo hacen rico.

Porque la cartera llena y el corazón vacío,
es peor, que el más atroz vicio.

Recuperemos el amor, la unidad y la familia.
Hagamos de dos mundos,
nuestro mundo mejor.
Todo con medida
puede recobrar la ilusión perdida.
Tus millones y tus títulos no van a reparar tu familia.
Que toda tu cátedra y tus estrategias de marketing
también funcionen en tu vida.

Porque ya es hora,
      de recuperar
           lo que perdimos.

Raíces

Con la mente en la profesión
Y los pies en la tierra
La tierra que nuestros ancestros
Y nosotros mismos talamos
En los árboles que pizcamos
Y los viñedos que podamos

Que la cátedra no ahogue nunca
La visión del inicio
Ni empañe la tradición
Que incluyamos el sándwich
Sin excluir la tortilla
Que la mente y el corazón
Nunca cambien de color

¡A ti no se te ha muerto nadie!

¿Por qué sientes que la vida te pesa?
¿Que tus problemas son tamaño universo?
¿Por qué te angustias con cosas triviales?
¡A ti, no se te ha muerto nadie!
Y mi madre siempre dice:
> En esta vida TODO tiene solución menos la muerte.

A ti no se te ha muerto nadie.
Usa tus rodillas.
Escucha tu silencio.
> Las repuestas se esconden dentro de tu corazón.

¡Levántate, no se te ha muerto nadie!

La juventud sufre
porque es demasiado gorda
porque es demasiado flaca
porque no tiene ropa o zapatos de marca.

Los adultos sufren porque no alcanzan el ascenso deseado en la empresa.
Porque no pueden cambiar de modelo de carro.
Las mujeres se angustian porque sus senos son pequeños,
y arriesgan su vida en el quirófano.
Solo para arrepentirse después.

¡Pero si a ti

      a ti

          no

              se

                  te

                      ha muerto

                            nadie!

Usa tus rodillas.
Escucha tu silencio.
Las respuestas las llevas dentro.
Las soluciones están en tu cuerpo.

Mientras haya vida hay esperanza, todo tiene solución menos la muerte. No caigas en sentirte o creerte víctima. He visto madres perder a sus hijos, y aún seguir adelante. Ellas son el mejor ejemplo de perseverancia. Si sabes lo que es perder a un ser querido, y tú aun tienes un corazón que está latiendo, aun respiras, vive, levántate, lucha, sin miedo o con miedo lánzate a la vida y descubre que tú eres una maravilla. No te ahogues en un vaso de agua.

"El bien es mayoría, pero no se nota, porque una bomba hace más ruido que un millón de caricias"
Facundo Cabral

Para ti

Estas páginas son para ti, que te caes y te levantas, para ti que dudas de tu talento y que a veces botas a la basura tus sueños, solo para cogerlos de nuevo y reinventarlos. Para ti que te incorporas con fuerza como un águila después de cada tropiezo. Para ti que al fin escuchas a tu voz interior, la que te asegura que hay futuro, que no hay prisa y que lo que importa es no claudicar. Para ti que has tenido que remendar tu corazón roto por la desilusión de aquellos que prometen y no cumplen. Por aquellos que aparentan y se esfuman. Para ti, que también has tenido que perdonarte y tienes que perdonarte por tus errores. Es para ti, para recordarte que antes de nacer ya eras grande, ya tenías un propósito, para ti que lo descubres cada día y te redescubres cada mañana. Para ti escribo, para decirte que no sólo puedes, sino que ya lo has hecho, así que levántate una vez más y emprende el vuelo. Recuerda aprender es de siempre, de todos, es hacer de la nada, algo que trasciende, para ti, para ti mi poesía, para ti mi canción, para ti mis cuentos, para ti mi reflexión, para ti...

Vive, ríe, contempla el sol, siente el aire en tu piel, escucha el sonido de la primavera, lo crujiente del otoño, y siente lo helado del invierno y el sol que vitamina tu cuerpo en verano, mira dos veces las hojas, disfruta sus colores, la fragancia de las flores, los alelíes, las margaritas son para ti, el sol te abraza cada mañana y la luna te arrulla cada noche, te custodia, y Dios con su universo te protege.

Y nunca olvides que
"el bien es mayoría, pero no se nota".

Y tú, eres parte de esa mayoría

Sobre el autor

Anna María Magallón nació en Modesto, California. Fue una niña migrante que pasó los primeros 18 años de su vida entre México y California. Es la hija de Cesar Magallón Farías y Sanjuanita Hinojosa Aguilar. Recibió su licenciatura en inglés filosofía y letras, con especializaciones en inglés como segunda lengua y en español de la Universidad de Texas Rio Grande Valley, una maestría en español de la Universidad de California Santa Barbara e hizo estudios de actuación en Hollywood and la Academia de Actuación Stella Adler. Regresó a su prepa para impartir clases de inglés y de español. Invitada por el decano Paul Newman fue profesora tiempo parcial del Modesto Junior College por once años. Ella es la fundadora de la academia SABE (Sábados Académicos Bilingües y Educativos), también creo Versos y rimas, una noche de poesía y micrófono abierto familiar como parte de su lucha de fomentar la lectura y preservar el español. Una de sus pasiones es hacer servicio comunitario, ha participado con Mujeres Latinas of Stanislaus County, Hispanic Leadership Council y PIQE (Parent Institute for Quality Education). Recientemente desarrolló su papel como productora asociada en la película **The Unbroken Sky**: *The Story of Dr. Francisco Jiménez. Es co-autora del Best Seller* **Latinas 100, volumen III**

Dejando nuestro legado e inspirando a la próxima generación. Anna María fue galardonada en el 2003 por su comunidad como Hispana Sobresaliente en el campo de la educación, en el 2013 recibió el premio AMAE del condado de Stanislaus como maestra del año, y en el 2016 le otorgaron el premio nacional como Maestra de Impacto en Univisión. Actualmente es profesora, esposa y madre. Su pasión por escribir le ayuda a poner su granito de arena para hacer del mundo un lugar mejor para toda la humanidad.

Works Cited

Antonio, L. (1982). Juguemos a cantar. *Juguemos a cantar*. Musart Records, 1982.

Gabriel, J. (1981). La Frontera. Guatemala: Ariola, 1981.

Jose, C. y. (1979). Mi caballo ensillado. *DLV-227, 1979*. DLV-227, 1979.

Lucero. (1987). Sueños. *Escapate Conmigo*. Mexico: Discos y Cintas Melody S.A. De C.V, 1987.

Sebastian, J. (1985). El ilegal. *El ilegal". Joan Sebastian*. Musart-Balboa, 1985.

Verdaguer, D. (1982). Coco Loco. *Verdaguer, Diego. "Coco Loco". Diego Verdaguer. Melody Internacional,1982*. Melody Internacional,1982.

www.ingramcontent.com/pod-product-compliance
Lightning Source LLC
Chambersburg PA
CBHW032052150426
43194CB00006B/505